steckandose.com

Donald P. Goldrush

Finanzielle Freiheit durch passives Einkommen
Mit geringstem Aufwand, richtig Geld machen

(c) der Ausgabe:
Donald P. Goldrush und F.-J. Ackermann, 2019
steckandose.com, London, UK, 2019
1. Auflage 2019

aus dem Amerikanischen von Friedhelm-Jürgen Ackermann

Das vorliegende Werk wurde mit höchster Sorgfalt erstellt. Jedoch übernehmen weder Autor, noch Herausgeber und Verlag Haftung für die Richtigkeit von Angaben, Hinweisen, Ratschlägen und für eventuelle Druckfehler. Die Ansichten und Meinungen müssen nicht mit denen von steckandose übereinstimmen.

Cover: MuellersBüro, Hamburg, Germany
Korrektur und Lektorat: DMR
Grafik: TGR, Hamburg

www.steckandose.com

ISBN: 9781689404983
Independently published

Was bedeutet schon Geld. Ein Mensch ist erfolgreich, wenn er zwischen Aufstehen und Schlafengehen das tut, was ihm gefällt

Bob Dylan

Inhalt

In Memoriam 9

Vorab 13

Passives Einkommen 15

Was sind e-books 19

Anmeldung bei Amazon-kdp® 23

Eine Nische finden 25

Das Buch schreiben 31

Das Manuskript vorbereiten 35

Dein e-book auf Amazon-kdp® veröffentlichen 43
   Schritt für Schritt durch den ersten Teil des Veröffentlichungsprozesses 44
   Das Cover für Dein Buch 48
   Check, check, check... 50
   Preisgestaltung und Tantiemen 51

Das Taschenbuch gleich auch noch veröffentlichen 53

Marketing und Verkaufsförderung für Dein neues Buch 57

Vergiss die Mythen 61

Checkliste für Deine Veröffentlichung eines e-books .. 65

Ein paar Hinweise zum Schluss 67

In Memoriam

Wenn einer den amerikanischen Traum lebte, dann war es mein Freund Donald P. Goldrush. Aufgewachsen auf einer Farm im Mittleren Westen konnte er bis zu seinem sechszehnten Lebensjahr weder schreiben noch lesen. Aber er hatte den Drang hinauszukommen aus dieser engen Welt trotz ihrer Weite des Himmels. Donald wollte wissen, was es hinter dem Horizont gibt und machte sich auf eine lange und gleichzeitig viel zu kurze Reise.

Er lernte schreiben und lesen, schlug sich durch mit Hilfsarbeiten bis das Internet kam. Wahrscheinlich war er einer der ersten, die entdeckten, welche Chancen ihm das Netz eröffnete. Er konnte nicht nur lernen, er konnte das Netz auch nutzen, um Geschäfte anzustoßen.

Als ich ihn das erste Mal traf, war er bereits erfolgreich, verkaufte alles Mögliche im Internet und hatte gerade begonnen, Amazon als seinen Spielplatz zu entdecken. Er betrachtete das Netz als Instrument. Und er spielte darauf virtuos. Auf einem Cocktailempfang des Gouverneurs von Florida erzählte er mir von seinen geschäftlichen Erfolgen, die er mit der Plattform feierte.

Seine Fähigkeit, zu abstrahieren und die Möglichkeiten zur Steigerung seines Erfolgs zu nutzen, waren unglaublich. Er hatte alles, was man eigentlich nicht braucht. Häuser in

Florida, Wohnungen in New York und Los Angeles, mehrere schnelle Sportwagen in der Garage. Wenn er mich in Deutschland besuchte, lieh er sich immer einen schnellen Wagen, um das Gaspedal auf einer der deutschen Autobahnen durch das Bodenblech zu drücken. Für Donald konnte es nicht schnell genug gehen, er kannte kein Speed Limit. Wie viele Ghostwriter er beschäftigte, um seine Ideen in Bücher umzusetzen, die er dann auf Amazon veröffentlichte, hat er mir nie wirklich verraten.

Ich weiß aber, dass er einer der einflussreichsten Vortragenden in den Staaten war, wenn es darum ging, sein Wissen an begierige junge Menschen weiterzugeben. Und ich weiß, wie sehr mich die Nachricht erschütterte, als ich eines Tages erfuhr, er sei bei einem seiner Speedbootrennen tödlich verunglückt.

Sein schnellstes Speedboot, er hatte es auf den Namen „MONEY" getauft, hatte sich mehrfach überschlagen und Donald wurde hinaus in den Golf von Mexico geschleudert. Die Besatzung eines der das Rennen begleitenden Helikopters versuchte noch, nach ihm zu suchen. Jedoch vergeblich. Sein Körper wurde in den Weiten des Meeres nie gefunden.

Gemeinsam mit seiner Witwe und seinem Anwalt machten wir uns an die Aufarbeitung seiner Unterlagen, um das reiche Wissen, das Donald besaß, einer größeren Öffentlichkeit als bisher bekannt zu machen. Wir fanden Aufzeichnungen zu seinen Vorträgen und Planungen, die bisher unveröffentlicht waren. Dieses ist das Vermächtnis von Donald P. Goldrush und ich darf mit glücklich schätzen, diese Sammlung ins Deutsche übersetzen zu dürfen und zu veröffentlichen.

Friedhelm-Jürgen Ackermann

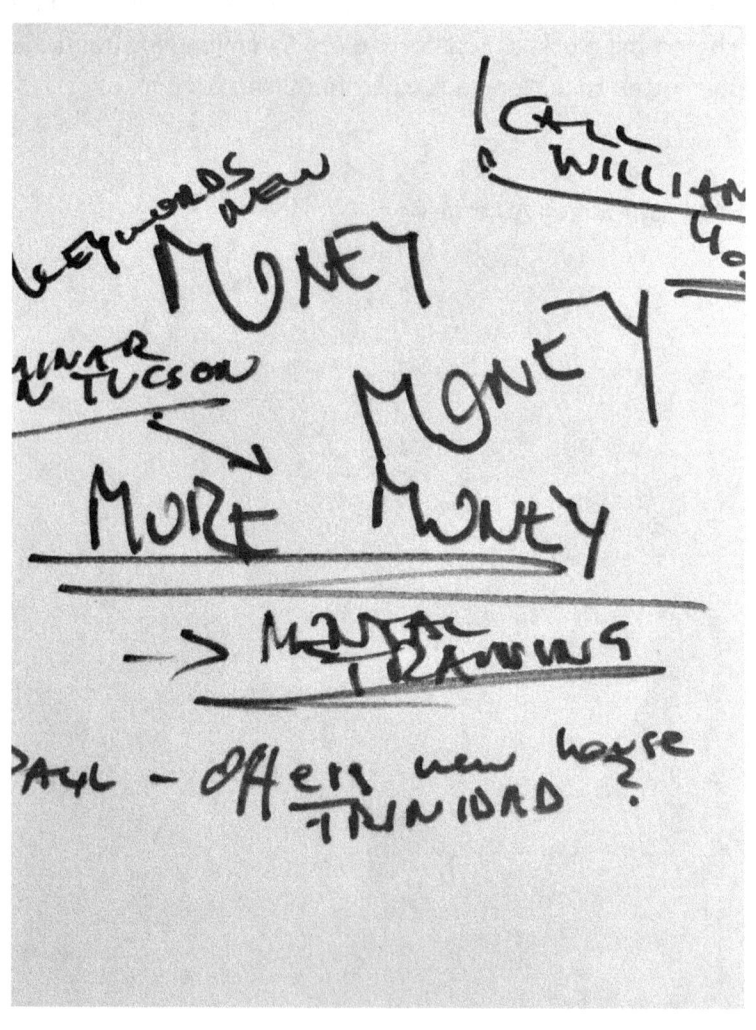

Eine der letzten handschriftlichen Aufzeichnungen von Donald P. Goldrush

Vorab

Glückwunsch!

Du bist ein Gewinner!

Ja, denn Du hast das Buch gekauft, das Dein Leben verändern kann.

Grundlegend!

Du willst etwas tun, Du bist hungrig. Du willst nicht warten. Du bist einer der Wenigen, die dem Geld entgegen gehen und nicht auf dem Sofa darauf warten. Du weißt, dass es mehr im Leben gibt, als Serien zu gucken, beim Fußball mitzufiebern oder Deine Zeit damit zu verbringen, in Clubs rumzuhängen. Denn davon kommt kein Geld in die Kasse, alles würde sei bleiben, wie es ist. Während andere an Dir vorbeiziehen. Weil Sie schneller sind. Weil sie es wissen wollen. Weil die, die es schaffen, die Macher sind. Weil diese Leute ihren Hintern vom Sofa heben und durchstarten.

So, wie Du jetzt. Denn der erste Schritt ist getan, um passives Einkommen zu generieren. In ein paar Schritten kann es losgehen und es hängt von Dir, Deinem Einsatz und Deiner Ausdauer ab, wie viel Geld Du verdienst. Um eines Tages aus diesem „nine to five"- Job aussteigen zu können und von Deinen Tantiemen zu leben. Irgendwo dort, wo es wärmer ist, die Cocktails weniger kosten und Du die Namen der anderen Spieler nicht kennst.

Wenn es Dich nicht mehr interessiert, wer an der Regierung ist, wenn es Dich nicht juckt, ob in Europa wieder der Winter einkehrt. Wie wäre es, genau das Leben führen zu können, was Du Dir schon immer gewünscht hast! Keine Sorgen, keine Probleme, einfach entspannt den Tag genießen und zusehen, wie Geld auf Dein Konto fließt.

Das geht nicht, denkst Du? Nun, falsche Einstellung.
Überleg noch mal kurz, warum Du Dir dieses Buch gekauft hast.

Es geht wirklich, und hunderte andere sind schon da bei, sich ein solches Leben zu organisieren, die Dinge in die Hand zu nehmen und ein erfolgreiches Business aufzubauen.
Was ich Dir hier an die Hand gebe ist keine Raketenwissenschaft, dazu musst Du nicht studiert haben. Das, was ich hier beschreibe, kann jeder. Glaub's mir. Es gibt ein paar Regeln, die man beachten muss, aber das ist es dann auch schon. Es kommt darauf an, dass Du an Dich glaubst und ein wenig mehr Gas gibst, als andere. Denn wenn Du jetzt in Dein Unternehmen „passives Einkommen" investierst, bekommst Du hinten das Geld und Leben heraus, was du Dir vorstellst.
Also, viel Spaß auf den nächsten Seiten und beim kick off.

Passives Einkommen

Stell Dir vor, es gibt die Möglichkeit, dass regelmäßig Geld auf Dein Konto fließt, ohne dass Du täglich acht Stunden in irgendeinem Unternehmen malochen musst. Ein passives Einkommen ist nichts Neues. Bei Musikern funktioniert das seit Jahrzehnten. Der Texter schreibt einen Songtext, der Komponist schreibt die Musik und der Produzent geht finanziell in Vorleistung, um Studio, Musiker und Werbung zu bezahlen. Ist der Song veröffentlicht, verdienen Texter, Komponist und Produzent nicht nur an den Verkäufen des Songs, sondern genauso jedes Mal, wenn das Lied öffentlich, z.B. im Radio, gespielt wird. Nicht anders verhält es sich mit Spielfilmen oder Theaterstücken. George Michael hätte sich nach seinem Song „Last Chrsitmans" auch auf die faule Haut legen können. Denn nicht nur durch die Plattenverkäufe hat er ohne Ende Schotter gemacht, nein, auch jedes Mal, wenn der Song im Radio läuft, klingelt es in der Kasse. Im deutschen Fernsehen werden 6,25 Euro an den Komponisten und 3,75 an den Texter gezahlt, sagt die GEMA, die es wissen muss. George Michael war beides, Texter und Komponist. Im Radio gibt es etwas weniger Geld, etwa 45 Cent bis 1,20 Euro. Allein im Fernsehen wird der Titel jedes Jahr etwa 500 Mal gespielt. Und zwar nur in Deutschland. Andrew Lloyd Webber, der Typ, der „Cats" und „Phantom der Oper" geschrieben hat, macht über zwei Millionen Pfund im Jahr mit Tantiemen.

Ähnlich ist es bei Büchern. Autoren erhalten entweder ein Einmalhonorar oder werden am Verkauf von Büchern beteiligt. Wird der Autor am Verkauf der Bücher beteiligt, erhält er einen bestimmten Prozentsatz des Verkaufspreises und verdient jedes Mal, wenn ein Buch über den Ladentisch geht. Das kann Einiges an Einnahmen generieren, wenn der Verlag ein erfolgreiches und konsequentes Marketing betreibt. Ist dies gesichert, das Buch erfolgreich, fließt das Geld lange Zeit, ohne dass der Autor irgendetwas dafür tun muss. Wenn man wie J.K. Rowlings, die Autorin von „Harry Potter", Vermarktungsrechte für alles mögliche abtritt, dann klimpert es ordentlich im Säckel. J.K. Rowlings Vermögen liegt bei geschätzten 770 Millionen Euro. Sie müsste keinen einzigen Satz mehr schreiben und die Kohle käme trotzdem rein: Harry Potter Wintermantel, Harry Potter Badeanzug, Harry Potter Tischlampe, Harry Potter Strickpullover, und, und, und....

Genauso läuft es bei Erfindern. Einmal eine, wie auch immer gute oder weniger gute Erfindung gemacht, und man hat ausgesorgt. 1958 erfand Artur Fischer den Spreizdübel aus Kunststoff. Davon werden täglich mehr als 15 Millionen allein durch sein Unternehmen gefertigt. Kannst Du Dir vorstellen, was dieser Mann, wenn er noch leben würde, den ganzen lieben langen Tag machen könnte! Wenn er wollte, irgendwo am Strand liegen oder auf einer Yacht durch die Südsee kreuzen oder einfach nur auf der Terrasse seines Hauses liegen und lachen, bis der Arzt kommt.

Du bist aber weder George Michael, hast auch keine Songs wie Lennon, McCartney oder Bohlen geschrieben, die jeden Tag im

Radio dudeln, hast keine Musicals komponiert und bist auch nicht dabei, irgendeine Erfindung zu machen. Denn dann hättest Du Dir dieses Buch nicht gekauft. Weil Du schon Schotter ohne Ende hättest. Oder Du hättest keine Zeit, weil Du an Deiner Erfindung arbeitest, die Dich reich machen soll.

Also, was kannst Du nun machen, um ein passives Einkommen zu generieren? Gute Frage. Die Antwort ist, Du könntest Dein Geld im Internet verdienen. Mit Büchern. Genauer gesagt, am Anfang mit e-books.
Was das ist und wie das geht? Das erfährst Du im nächsten Kapitel.

Was sind e-books

Normale Bücher sind aus Papier, meistens jedenfalls.
Ein Autor schreibt ein Buch, das Manuskript wird an den Verlag übermittelt, der es in elektronischer Form an die Druckerei sendet. Dort wird das Manuskript auf Papier gedruckt und gebunden, kommt als Buch in die Buchhandlungen und wird gekauft, um gelesen zu werden. Ein ziemlich aufwändiger Vorgang.
Anders beim e-book. Ein Manuskript wird geschrieben, an den Verlag übermittelt und in elektronischer Form veröffentlicht. Das Buch kann entweder auf bestimmten digitalen Endgeräten wie dem kindle® oder dem tolino® gelesen werde oder mit speziellen Apps auch auf dem Tablet, Smartphone oder Computer.

Kindle® ist das digitale Endgerät von Amazon®, tolino® das der deutschen Buchhändler. Man benötigt keine Druckerei, kein Papier, das Buch muss nicht mehr gebunden werden.
Vor einigen Jahren kamen in Deutschland erste Angebote auf, Bücher auf Nachfrage oder wie man es besser bezeichnet, als „books on demand" drucken zu lassen. Dabei wurde ebenfalls ein Manuskript übersandt, diesmal allerdings nicht an einen Verlag, sondern direkt an die Druckerei. Immer, wenn jemand das jeweilige Buch kaufen wollte, wurde es gedruckt, gebunden und an den Kunden versandt.

Dir ist jetzt wahrscheinlich aufgefallen, dass bei „books on demand" der Verlag fehlt. Genau, denn bei dieser Art Bücher zu veröffentlichen, wird der Verlag ausgespart. Der Autor veröffentlicht im Eigenverlag, man nennt es auch self-publsihing.

Warum?

Nun, ein Manuskript bei einem Verlag unterzubringen, kann recht mühselig sein. Um nicht zu sagen, fast unmöglich. Die meisten Verlage experimentieren nicht gern. Sie greifen lieber auf Autoren zurück, die bereits bekannt sind. Das spart eine Menge Geld in Form von Marketingkosten und Ausgaben für die Werbung. Diese bekannten Autoren müssen nicht erst langsam aufgebaut und bekannt gemacht werden. Es ist einfacher, das Buch eines Autors zu verkaufen, der bereits durch etliche Talkshows getingelt ist, der im Fernsehen in irgendwelchen Bücher- oder Kultursendungen besprochen wurde und der eine breite Fan-Basis hat. Also fliegen die meisten, der einem Verlag zugesandten Manuskripte, ungelesen in die Tonne.

Ein weiterer Weg, sein Manuskript bei einem Verlag unterzubringen, ist der Weg über eine Agentur. Diese kennt Leute in den Verlagen, schätzt bereits im Vorfeld ein, welcher Verlag sich für Dein Manuskript interessieren könnte und stellt gegebenenfalls Kontakte her. Nachteil: jetzt wollen noch mehr Leute an Deinem Buch mitverdienen.

Sehen wir uns self-publishing etwas näher an. Mit „books on demand" ist sichergestellt, dass ein Autor ohne Verlag nicht erst ein- oder zweitausend Bücher drucken lassen und irgendwie verkaufen muss. „Book on demand" und self-publishing ergänzen sich auf wirtschaftlich hervorragende Art und Weise für den Autor. So gut wie keine Einstiegskosten. Bei den herkömmlichen „book on demand" Modellen musste der Autor schon mit ein paar hundert Euro in Vorleistung gehen, denn die Anbieter berechneten grundsätzlich Geld für die Verarbeitung des Manuskriptes, die Organisation der ISBN-Nummer und die Lagerung des Manuskriptes auf ihren Servern.

Das alles änderte sich, als Amazon® ins Geschäft mit den Büchern auf Anfrage einstieg. Self-publishing bekam eine neue Dimension. Denn Amazon berechnet für Lagerung des Manuskriptes keine Kosten. Du schreibst Dein Manuskript auf dem Computer und lädst es bei Amazon-kdp® hoch. Das Buch erscheint bei Amazon und kann weltweit gefunden und gekauft werden. Amazon® kümmert sich um den Versand, die Abrechnung und Du erhältst Deine Tantiemen.

Was sind die Vorteile, wenn Du Dein Buch auf Amazon-kdp® veröffentlichst? Nun, ganz einfach, zum einen behältst Du die Rechte an Deinem Buch und Du bist derjenige, der die Preise festlegt. Dein Buch erscheint weltweit, wenn Du es willst und Du kannst zusätzliches Geld mit Deinem Buch verdienen, wenn Du es Lesern anbietest, die es in der kindle-Leihbücherei lesen möchten.

Zusätzlich zu Deinem e-book kannst Du dein Buch auch als gedrucktes Taschenbuch erscheinen lassen, was Deine Verkäufe pusht (mehr dazu später). Und weil Dein Buch auf Nachfrage, also als „book on demand" erscheint, ist es auch nie ausverkauft, Du musst in keiner Druckerei anrufen und nachordern. Damit fallen auch keine Voraus- und Lagerkosten für Dich an.

Inzwischen gibt es Agenturen, die das Hochladen für Dich ebenso übernehmen, genauso wie die „Formatierung" des Textes in das e-book-Reader-Format. Lass die Finger davon. Die kosten Geld und sowohl die Formatierung als auch das Hochladen kann jeder, der weiß, wie er einen Computer einschaltet.

Simple is this.

Wie es im Einzelnen funktionierst, liest Du auf den nächsten Seiten.

Anmeldung bei Amazon-kdp®

Zunächst gehst Du auf kdp.amazon.com und meldest Dich dort an. Das kannst Du auch mit Deiner e-mail-Adresse und dem Passwort machen, mit dem Du Dich sonst bei Amazon® anmeldest.

Angemeldet, ist es nun an Dir, einige Formulare auszufüllen. Du musst Deinen Namen, den richtigen, angeben und eintragen, wie Amazon Dich bezahlen soll. Des Weiteren musst Du ein Steuerformular ausfüllen, da Amazon® ein amerikanischer Konzern ist. Die wiederum haben ein paar andere Steuerformalitäten, als dies in Deutschland der Fall ist. Für das Ausfüllen des Steuerformulars solltest Du Deine deutsche Steuernummer bereithalten.
Leider ist dieses Steuerformular auf englisch abgefasst, es dürfte aber auch für nicht so gut englischsprechende Personen kein Problem sein, es auszufüllen. Und keine Sorge, Amazon-kdp® hält ein paar Hilfeseiten bereit.

Das war jetzt nicht weiter schwierig, oder?

Für den ein oder anderen wird der nächste Schritt eventuell etwas komplizierter, auf dem Weg zu Deinem passiven Einkommen. Nämlich das Buch zu schreiben.
Okay, nicht jeder von Euch ist kreativ. Und nicht jeder kann so ohne weiteres ein Buch schreiben. Normal. Aber es gibt auch die, die ein spezielles Hobby haben, über das sie anderen berichten wollen. Vielleicht hat der ein oder andere etwas

ganz Besonderes erlebt und will darüber schreiben. Oder Ihr seid richtig gut, wenn es darum geht, lecker zu kochen und wollt anderen Eure Rezepte mitteilen. Auch gut.

Alle diejenigen, die bereits eine Idee für ein Manuskript haben, machen sich jetzt ans Werk und kommen wieder zurück, wenn ich erkläre, wie man das Manuskript auf- und vorbereitet, hochlädt, Preise festlegt und, und, und...

Für alle anderen, die mit einem passiven Einkommen durchstarten wollen, dazu Amazon-kdp® nutzen möchten, aber noch keine Ahnung haben, was und wie man schreiben soll, für die geht es auf den nächsten Seiten weiter.

Eine Nische finden

Wenn Du nicht weißt, worüber Du schreiben sollst, dann ist es auch egal, was Du schreibst. Wichtig ist nur, dass Du nicht darüber schreibst, worüber schon fünftausend andere geschrieben haben. Denn dann wäre es etwas schwierig, auch wahrgenommen zu werden. Klar funktioniert das, Du musst Dich aber irgendwie von den fünftausend anderen auf eine ganz spezielle Art und Weise, durch irgendetwas ausgewöhnliches von den anderen abheben.

Ach so, stimmt, Du weißt ja nicht, wie Du schreiben und ein Thema in Worte verpacken sollst. Keine Sorge, auch darauf komme ich zurück. Denn das ist ebenfalls kein Problem.
Also erst einmal zurück, welches Thema Du bearbeitest.

Amazon® listet zwischen fünf und sechs Millionen Bücher. Eine ganze Menge, richtig. Jetzt gibt es Bücher, die verstauben in den digitalen Archiven und es gibt Bücher, die verkaufen sich wie geschnitten Weißbrot. Das liegt einerseits am Thema, andererseits am Interesse potentieller Leser und nicht zuletzt auch an der Werbung, die das Buch in den verschiedensten Medien erfährt. Wird ein Buch beispielsweise in einem Artikel eines großen deutschen Nachrichtenmagazins oder einer großen Wochenzeitung beziehungsweise im Feuilleton einer Tageszeitung besprochen, dann kannst Du davon ausgehen, dass sich dieser Titel bei Amazon® brillant verkauft.

Amazon® hat eine sogenannte Ranking-Liste. Anhand dieser kannst Du den Verkaufsrang eines jeden Buches ablesen. Diesen Verkaufsrang gibt es für Bücher und für e-books allgemein, als auch für bestimmte Unterkategorien. Wird ein Buch verkauft, gelangt es im Verkaufsrang nach oben, verkauft es sich nicht, rutscht es nach und nach im Verkaufsrang ab. Es ist also ähnlich, wie man es früher aus den Hitparaden kannte. Viele Verkäufe, ganz oben in der Hitliste, keine Verkäufe, auch kein Eintrag in der Hitliste.

Vermessen wäre es jetzt, es mit den Top-Sellern aufnehmen zu wollen. Dazu fehlt Dir die Marketingpower, vor allem das Geld. Was Du machst, ist Dir anzuschauen, welche e-books zwischen Rang 1 und 20.000 platziert sind. Ja, das dauert ein wenig. Aber auch dafür gibt es Hilfe, nämlich Programme, die Dir darüber Auskunft geben können. Darüber ein wenig später mehr. Erst einmal sollst Du ja ein Gefühl für die Abläufe bekommen.

Du siehst Dir also die verschiedenen Bücher an und klickst irgendwo, wo immer Du denkst, jetzt ist es an der Zeit mal ins Detail zu gehen, auf ein Buch.

Zu welcher Kategorie gehört das Buch, welchen Rang nimmt das Buch in seiner Kategorie ein? Geh in die Kategorie und schau nach, wie viele Bücher es in dieser Kategorie gibt. Unendlich viele? Vergiss es. Das ist nicht Deine Nische. Denn was es bedeutet, sich gegen unendlich viele Bücher einer bestimmten Kategorie durchzusetzen, habe ich Dir bereits weiter oben erklärt. Das ist ja ein wenig zeitraubend, wirst Du jetzt denken.

Richtig! Allerdings, so ganz von allein kommt auch das passive Einkommen nicht rein. Und wenn es einfach wäre, eine Nische zu finden, dann könnte es jeder und es wäre für Dich noch aufwändiger, Erfolg zu haben.

Wenn das Verhältnis zwischen Verkaufsrang und den in einer bestimmten Kategorie verkauften Bücher passt, dann ist das Deine Nische.
Als nächstes schaust Du Dir an, welche Hilfe Dir Amazon® selbst geben kann. Man kann nämlich aus einer Nische eine noch kleinere Nische mit mehr Erfolg machen, indem man auf ein einfaches Hilfsmittel bei Amazon zurückgreift.
Dieses Hilfsmittel heißt Autofill.

Hier ein praktisches Beispiel. Deine gewählte Nischenkategorie heißt „Muskelaufbau". Dann wählst Du im Suchfeld auf Amzaon® „Bücher" und tippst „Muskelaufbau" ein, drückst die Leertaste. Jetzt gibt Dir Amazon® automatisch einige Begriffe an, die zum Thema „Muskelaufbau" passen und die von Nutzern nachgefragt werden. Denn Amazon® ist eben nicht nur ein Buchhändler, sondern auch eine Suchmaschine. Nur eben für Produkte, die Menschen suchen und kaufen wollen.

Bei „Muskelaufbau" erscheinen dann automatisch vielleicht Wörter wie „frauen", „für frauen", „rezepte", „ernährung",

„kochbuch", „im alter", „fettverbrennung", „für senioren". Wunderbar, denn das sind Deine Unternischen, die Erfolg versprechen können. Schau Dir alle diese Unterkategorien an und wie viele Bücher es bereits zu diesen Themen gibt. Auf welchem Amazon® -Verkaufsrang rangieren diese Bücher und wie groß ist der Unterschied im Verkaufsrang zwischen diesen Büchern. Das sind wichtige Informationen.

Weitere wichtige Informationen erhältst Du mit dem Tool „Helium 10". Mittels dieser Webseite siehst Du Verkaufsverläufe, Verkaufsränge, Saisonalitäten und auch Cover anderer Bücher. Du kannst Dir dort Verkaufsstatistiken, Umsätze, Bewertungen unterschiedlicher Bücher und einiges mehr anzeigen lassen.
Weitere Seiten, die Dir helfen die richtigen Nischen zu finden, sind „KDSpy" und „Jungle scout". Allerdings will ich nicht die Dimensionen des Buches sprengen, Du findest die Seiten, wenn Du die Namen in eine Suchmaschine eingibst. Alles andere ist fast selbsterklärend und benötigt vielleicht ein bisschen Zeit, um sich damit vertraut zu machen.

Wozu das wichtig ist? Nun, wenn Du beispielsweise ein Buch über Weihnachtsbäckerei auf den Markt bringen willst, dann verkauft es sich wahrscheinlich nur saisonal. Irgendwann in den Wochen vor Weihnachten. Es ist sehr unwahrscheinlich, dass Du mit solch einem Buch auch Umsätze im Hochsommer erzielst. Mit anderen Worten, wenn Dir diese Umsätze um die Weihnachtszeit ausreichen, um ein gutes Leben mit Deinem passiven Einkommen aus Amazon-kdp® zu führen, dann ist alles okay. Reicht Dir das passive Einkommen nicht aus, dann musst Du für die anderen Monate des Jahres auch noch ein paar Bücher am Markt platziert haben.

So weit, so gut.
Nische gefunden? Dann kann es jetzt mit dem Schreiben losgehen. Wie Du das machst, ohne selbst tätig zu werden, erfährst Du auf den nächsten Seiten.

Das Buch schreiben

Ja, ich weiß, schreiben ist nicht Dein Ding! Sollst Du ja auch gar nicht. Aber letztlich braucht es ein Buch auf Amazon-kdp®, um Deinen Cashflow anzuschieben. Was Du Dir als nächstes organisierst, ist ein Ghostwriter. Also jemanden, der das Buch für Dich schreibt.

Es ist nicht unbedingt so, dass es Ghostwriter wie Sand am Meer gibt, aber Du wirst garantiert einen finden. Dabei helfen Dir Plattformen wie „freelancer", „content" oder „textbroker". Wenn Du dort eine Anzeige aufgibst, wird es nicht lange dauern und Du hast ausreichend Angebote im Postfach. Aber Vorsicht! Hier kannst einen entscheidenden und gleichzeitig schwerwiegenden Fehler machen.

Viele Leute glauben, sie können Ghostwriter bis aufs Mark ausquetschen und für Minimalpreise schreiben lassen. Ich höre immer wieder, dass sich Leute über die Qualität der Texte von Ghostwritern beschweren. Wenn ich sie frage warum Ihnen der Text missfallen hat, dann kommen meist Argumente, dass die Rechtschreibung, manchmal auch die Grammatik falsch war. Zudem konnten sie recht einfach feststellen, dass der Text einfach nur zusammenkopiert war, strg-c, strg-v. Die Inhalte waren teilweise derartig durcheinander gewürfelt, dass sie den Text nicht gebrauchen konnten. Wenn ich sie dann fragte, wieviel sie dem Ghostwriter gezahlt hätten, meinten sie, dass sie großzügig einen Cent pro Wort gelöhnt hätten.

Nun ja, Schlechtes muss nicht immer billig sein. Wer einen Cent pro Wort für einen Ghostwriter zahlt, der muss sich nicht wundern, wenn er schlechte Texte bekommt. Es gibt Leute, die zahlen ihren Ghostwritern zwei bis zwei Cent fünfzig pro Wort. Auch das finde ich noch viel zu gering. Crap in, crap out, wenn ich oben Dreck reinschmeiße, kommt unten selten Gold raus.

An dieser Stelle will ich Euch mal ganz deutlich sagen, dass schreiben eine geistige Leistung voraussetzt. Es ist nicht nur das Herumtippen auf der Computertastatur. Wenn es so einfach wäre, könnte es jeder. Also zahlt Euren Ghostwritern vernünftige Preise, dann bekommt Ihr auch vernünftige Texte. Obendrein müsst Ihr nicht irgendwann feststellen, dass es Euer Buch doppelt auf dem Markt gibt.

Noch etwas zu Ghostwritern: ein Ghostwriter kann nur so gut sein, wie er von Dir gebrieft wird. Gib klare Anweisungen raus, am besten eine vernünftige Gliederung, wie Du Dir den Aufbau des Buches vorstellst. Erstens wird es dann eine stringente Arbeit, zweitens kannst Du ganz klar die Punkte abhaken, die erfüllt werden mussten.

Und zum Schluss noch der Hinweis, dass ein Ghostwriter genauso wie Du seine Miete bezahlen muss, vielleicht auch für seine drei oder vier unehelichen Kinder. Wenn Du Deinen Ghostwriter häufiger beschäftigst, dann kommt es gut an, wenn er einen Teil des vereinbarten Betrages für seine Leistung vorab erhält.

Und noch etwas. Setze mit Deinem Ghostwriter einen klaren Vertrag auf, was die Rechte des Textes und seiner Veröffentlichung angeht. Es wäre ja irgendwie unangenehm, wenn es plötzlich zwei inhaltlich (fast) gleiche Bücher gäbe, die sich dann nur vom Cover unterscheiden. Ebenfalls ungünstig wäre es für Dich, nach Veröffentlichung Deines Buches mit dem Vorwurf konfrontiert zu werden, dass der vorliegende Text gar nicht der Deinige ist. Einige Plattformen bieten da entsprechende vertragliche Vereinbarungen zwischen Auftraggeber und Ghostwriter an. Also, noch mal nachlesen und Augen auf!

Das Manuskript vorbereiten

Okay, Dein Manuskript ist fertig, alle Kapitel sind geschrieben, Du hast es noch einmal auf Rechtschreibung überprüft, Absätze eingefügt und, und, und...
Gut, jetzt gibt es mehrere Möglichkeiten, Dein erstes e-book damit zu erstellen.

Möglichkeit Nummer eins ist die Erstellung des Manuskriptes als word-Datei, mit den Dateiendungen .doc oder .docx. Beide Formate werden von Amazon-kdp® akzeptiert. Weitere Dateiformate sind .html und .txt. Bevor Du das Manuskript aber hochlädst, solltest Du

- Eine erste Seite mit Titel, und Autor anlegen
- Eine zweite Seite mit Copyrights und Jahr der Veröffentlichung einrichten
- Ein Inhaltsverzeichnis erstellen.

In Deutschland gelten andere Richtlinien für das Impressum, als in den USA oder in Großbritannien. Mach Dich schlau, welche Angaben dort erscheinen müssen, um nachträglich Ärger zu vermeiden.

Für das Inhaltsverzeichnis verknüpfst Du einfach Deine Kapitelüberschriften in der entsprechenden Word-Version mit der Funktion „Inhaltsverzeichnis". Wie das genau funktioniert, dafür würden Erklärungen hier zu weit führen. Es ist aber eine einfache Sache und bei Bedarf findest Du zum Vorgehen auch Hilfe auf den Amazon-kdp®-Seiten oder bei „Word" selbst.

Zudem ist es gut, einen Haftungsausschluss dem Manuskript beizufügen. Es wäre blöd, wenn Du über Methoden des Muskelaufbaus schreibst und jemand, der Dein Buch gekauft und gelesen hat, verklagt Dich anschließend, dass die von Dir geschilderten Übungen, Ernährungstipps oder was auch immer, bei ihm nicht funktioniert haben. Also, Du bist nicht für den Erfolg anderer Leute zuständig. Genauso bin ich nicht dafür verantwortlich, dass self-publishing bei Dir genauso oder besser funktioniert, wie das bei mir der Fall ist. Die Umstände können andere sein, die Bedingungen können sich verändert haben und ich schildere und beschreibe die Vorgehensweisen nur aus meiner Sicht, ohne eine Garantie darüber abzugeben, dass dies auch bei jedem anderen oder bei Dir so funktioniert

Wenn Du im Umgang mit „Word" nicht allzu erfahren bist, dann ist das eine gute Gelegenheit, Neues zu erlernen. Die Zeit, die Du hierbei investierst, zahlt sich am Ende aus.

Möglichkeit Nummer zwei ist ein spezielles Programm von Amazon® zur Erstellung von e-books. Mit „Kindle Create" gelingen einige Formatierungen innerhalb des Textes, die Formatierung der Überschriften und das Einfügen von Bildern für Anfänger leichter. Du kannst das Programm bei Amazon® entweder für Windows-Rechner oder für den Mac hinunterladen.

Gibt es noch etwas, was Du beachten solltest? Ja, das gibt es. Wenn Du Bilder für Deine Bücher verwendest, dann solltest Du die Rechte an den Bildern besitzen. Außerdem musst Du vorsichtig sein mit Bildern, auf denen Personen zu erkennen sind. Hast Du deren Genehmigung, die Bilder abzudrucken? Das hier ist keine Rechtsberatung, wenn Du Dich nicht auskennst, dann befrage einen Anwalt Deines Vertrauens, was hinsichtlich von Persönlichkeitsrechten und Rechten an Bildern alles zu beachten ist.

Aber es gibt einen weiteren, wesentlichen Punkt in Bezug auf Bilder. Bilder in Büchern sind immer eine gute Idee, lockern sie doch den Text ein wenig auf. Gerade bei Ratgeberbüchern machen Bilder extrem Sinn, denn für Leser erhöht sich das Verständnis des von Dir Geschriebenen.

Bilder, die Du mit Deinem Smartphone gemacht hast, eignen sich nicht einfach so für die Verwendung. Für e-books wäre es okay, aber da Du ebenfalls gleich für ein Paperback planen solltest (warum, erkläre ich weiter unten), macht es Sinn, die Bilder bereits vorweg zu bearbeiten. Bilder, die Du mit Deinem Smartphone, dem Tablet oder einer Kamera machst, haben normalerweise eine Auflösung von 72 dpi. Die Bezeichnung „dpi" steht für „dots per inch" und gibt Auskunft über die Qualität der Auflösung. Für die Veröffentlichung in elektronischen Medien ist dies ausreichend. Für den Druck benötigst Du jedoch 300dpi. Ansonsten wirken die Bilder gepixelt oder unscharf.

Den Unterschied im Druck zwischen einem Bild mit 72dpi und 300 dpi siehst Du im Beispiel auf den folgenden Seiten.

Beispiel für ein Bild mit 72 dpi Druckqualität

Beispiel für ein Bild mit 300 dpi Druckqualität

Für die Bearbeitung der Bilder nutzt Du ein einfaches Grafikprogramm. Du musst Dir dafür nicht extra ein professionelles Programm besorgen. Die meisten einfachen Bildbearbeitungsprogramme haben diese Umwandlungsfunktion eingebaut.

Wie es weitergeht, nachdem Dein Manuskript zur Veröffentlichung bereitsteht, Du alles kontrolliert, Kapitelüberschriften eingefügt und den Text formatiert hast, erfährst Du auf den nächsten Seiten.

Dein e-book auf Amazon-kdp® veröffentlichen

Dein Text ist fertig, das Manuskript bearbeitet und für die Veröffentlichung vorbereitet und jetzt heißt es, Dein Buch der Welt zu präsentieren und Verkäufe zu generieren, um Umsatz und Gewinn zu machen. Dazu musst Du die Datei auf Amazon-kdp® hochladen.

Zunächst gehst Du auf Deinen Amazon-kdp®-Account und dort auf „Bücherregal". Dort gehst Du auf die Schaltfläche „+ Kindle eBook".

Es öffnet sich eine neue Seite und hier gibst Du die Details Deines Buches ein. In welcher Sprache wurde das Buch geschrieben, wer ist der Autor und gegebenenfalls Co-Autor. Bereits im Vorfeld solltest Du Dir die Frage stellen, ob Du das Buch unter Deinem eigenen Namen veröffentlichst oder ein Alias verwendest. Manchmal kann das sinnvoll sein. Besonders wenn Du vorhast, Bücher in verschiedenen Kategorien zu veröffentlichen ist dies sinnvoll. Denn welcher Autor kann schon gleich gut Kochrezepte herausbringen und über Reisen berichten oder etwas zur IT-Struktur bei größeren Unternehmen schreiben. Es macht also Sinn, gerade, wenn Du mit Ghostwritern zusammenarbeitest, die jeweiligen Themengebiete von „Autoren" mit unterschiedlichem Namen zu publizieren. Leser könnten irritiert sein, wenn Du zu völlig unterschiedlichen Themen, vielleicht sogar komplett gegensätzlichen Inhalten, etwas zu sagen hast. Der Nachteil eines Alias-Namens besteht darin, dass Du mit Deinem Namen und Deinem Gesicht natürlich nicht YouTube-Kanäle zu diesen Themen als Werbeunterstützung aufmachen kannst, ohne dass es auffällt, wer hinter den einzelnen Büchern wirklich steckt.

Schritt für Schritt durch den ersten Teil des Veröffentlichungsprozesses

Du musst den Buchtitel und eventuell einen Untertitel für das Buch eingeben. Für den Titel des Buches macht es Sinn, das ein oder andere Keyword zu verwenden. Was keinen Sinn macht und auf den potentiellen Käufer etwas merkwürdig wirkt, ist die Aneinanderreihung von Keywords. Es gibt Autoren, die so etwas machen. Aber wirklich vernünftig hören sich die Buchtitel nicht mehr an. Gleiches gilt für den Untertitel Deines Buches. Besser sind kurze und prägnante Titel, für deren Findung und Kreation man ein wenig Zeit investieren sollte.

Zusätzlich kannst Du dann noch alle möglichen Felder ausfüllen, zum Beispiel ob es sich um eine Serie von Büchern handeln soll und um welche Auflage des Buches es sich handelt. Ist es Dein erstes Buch, dann ist dies natürlich auch die erste Auflage, wenn Du das Buch vorher noch nicht veröffentlicht hattest.

Außerdem kannst Du Mitwirkende eingeben. Also beispielsweise einen Co-Autor, einen Übersetzer, den Namen desjenigen, der das Vorwort geschrieben hat oder den Namen des Fotografen der Bilder im Buch. Das musst Du selbst entscheiden.

Und dann kommt ein sehr wichtiger Punkt hinsichtlich der Veröffentlichung. Du solltest eine Beschreibung des Inhaltes Deines Buches angeben. Einen Überblick also, worum es in dem Buch geht. Nimm Dir für diesen Eintrag ebenfalls Zeit. Noch besser, bereite die Beschreibung des Inhaltes bereits vor, so dass Du diese nur noch hineinkopieren musst.

Wenn Du eine solche Buchbeschreibung nicht selbst schreiben kannst, dann lass es von Deinem Ghostwriter machen. Die Beschreibung ist insofern wichtig und ausschlaggebend, als dass sie die zukünftigen Leser oder Käufer Deines Buches aufmerksam werden lässt. Die Beschreibung muss interessant genug sein, dass der potentielle Käufer genau die Vorteile erkennt, die er hat, wenn er Dein Buch kauft. Beschreibe darin die Vorteile Deines Buches für den Kunden!

Nachdem Du noch erklärst hast, dass Du die Veröffentlichungsrechte an dem Manuskript besitzt, kommt ein weiterer wichtiger Teil in Zusammenhang mit der Publizierung: die Schlagwörter oder keywords, die mit Deinem Buch in Verbindung stehen. Du kannst insgesamt bis zu sieben keywords angeben. Und das solltest Du auch in jedem Fall tun. Denn die keywords sind einer der Schlüssel für den Amazon®-Algorithmus, um Dein Buch auch potentiellen Käufern zu präsentieren.

Wenn Du ein Buch über die Dressur von Katzen veröffentlichst, sollten Deine keywords sich auch genau darauf beziehen. Und hierfür kommen wir auf den Teil zurück, den ich bereits weiter oben beschrieben habe. Schau Dir die keywords zu den einzelnen Amazon®-Kategorien an, schaue Dir genau die Unterkategorien an. Das ist wichtig. Mach Dir Notizen, was das autofill von Amazon® anzeigt.

Lange oder kurze Schlüsselwörter, short tail oder long tail keywords? Gute Frage, denn so einfach ist das nicht zu beantworten. Es kommt auf die Kategorie an, in der Du Dein Buch veröffentlichen willst. Ist dort bereits einiges an Büchern erschienen und die Konkurrenz hoch, so können kurze Stich- oder Schlüsselworte, auch Tags, kontraproduktiv sein. Beispiel „Muskelaufbau": In dieser Kategorie gibt es einiges an Büchern, die alle mit dem Tag „Muskelaufbau" arbeiten. Da viele dieser Bücher aber schon länger am Markt sind und sich einige auch richtig gut verkaufen, wirst Du mit Deinem durchaus passenden keyword „Muskelaufbau" zwar in dieser Kategorie erscheinen, aber wesentlich weiter hinten ranken, als die anderen Bücher, die sich regelmäßig und gut bis sehr gut verkaufen. Wenn Du mit Deinem Buch, egal, wie gut es vom Inhalt ist, erst auf Seite fünf oder sechs oder sieben präsentiert wirst, sinken für Dich die Chancen auf gute Verkaufszahlen. Denn kurze Tags sind klar und aussagekräftig, aber eben auch sehr allgemein.

Verwendest Du dagegen long tail keywords, so stehen die Chancen deutlich höher, auf der ersten oder zweiten Seite gelistet zu werden. Ein Beispiel ist hier „Muskelaufbau für Frauen im Alter". Wie viele Bücher gibt es dazu? Wahrscheinlich weniger, als zum „Muskelaufbau" allgemein. Sicherlich ist auch die Zielgruppe kleiner. Aber immerhin, besser auf Platz eins in einer Unterkategorie, die vom Kunden mit langen keywords gesucht wird, als auf Platz 65 in der Hauptkategorie, richtig?

Gut, dann wäre das auch geklärt.
Als nächstes wirst Du aufgefordert, Dein Buch in Kategorien einzutragen. Also beispielsweise bleiben wir beim „Muskelaufbau", in die Kategorie „Sachbücher-Sport-Bodybuildung&Kraftraining" als eine und „Sachbücher-Coaching-Allgemein" als eine zweite Kategorie. Wähle die Kategorien mit bedacht.

Und zum Schluss kannst Du Dich noch entscheiden, ob Du Dein Buch sofort veröffentlichen willst. Das würde bedeuten, dass es nach etwa 72 Stunden bei Amazon® erscheint. Vorausgesetzt Deine gleich noch hochzuladenden Manuskript- und Cover-Dateien und alle anderen Angaben sind richtig, vollständig und so, wie es von Amazon-kdp® verlangt wird.

Du kannst Dein Buch auch zur Vorbestellung listen lassen. Das ist allerdings nur für e-books möglich. Wenn Du also Dein Buch auf Amazon® schon gelistet sehen möchtest, potentielle Kunden können es bereits bestellen, die Auslieferung, also die Übertragung auf die digitalen Endgeräte erfolgt erst zu einem von Dir festgelegten Datum in der Zukunft. Das kann gelegentlich sinnvoll sein, wenn man sehen will, wie sich die Vorbestellungen entwickeln oder wenn Du für bestimmte Marketingmaßnahmen noch ein wenig mehr Zeit benötigst.

Hast Du nun alles eingegeben und bist mit dem Ergebnis zufrieden, drücke auf „Speichern und Fortfahren".
Auf der nächsten, nun folgenden Seite wirst Du aufgefordert, Deine Manuskript-Datei und Dein Cover hochzuladen.

Das Cover für Dein Buch

Ein paar Hinweise für das Cover Deines Buches, denn das ist genauso wichtig, wie Deine Schlagworte und die Einordnung in Kategorien. Leser schauen nicht nur auf den Inhalt, welche Hilfe Ihnen Dein Buch anbietet, wie es geschrieben ist und was Du für Aussagen triffst. Auf Amazon® gibt es zwar die Möglichkeit, in das Buch hineinzuschauen und ein paar Seiten zu lesen, aber viele Leser werden auch vom richtigen Cover zum Kauf animiert.

Kannst Du am eigenen Rechner ein Cover produzieren? Kannst Du mit einem Design- oder Fotobearbeitungsprogramm umgehen? Gut, dann ist es kein Problem für Dich, ein Cover selbst zu erstellen und als pdf-Datei hochzuladen.

Die Covergestaltung unterscheidet sich zwischen e-book und Taschenbuch. Für das e-book benötigst Du lediglich die eigentliche Cover-Seite, für das Taschenbuch auch noch die Rückseite. Und, ich habe es ja bereits angekündigt, Du solltest auch für ein Taschenbuch planen. Das bedeutet mehr Kunden anzusprechen, mehr Umsatz, mehr Gewinn.

Für die Maße Deines Covers gibt es Hilfestellung auf den Amazon-kdp®-Seiten. Dort gibst Du die Buchdimensionen (Höhe x Breite) an, wählst die Anzahl der Seiten und das entsprechende Papier. Amazon generiert Dir zwei Dateien, die Du als Vorlage für Dein Cover am eigenen Rechner nutzen kannst. Achte darauf, dass Du die Rechte an den Bildern hast, die Du verwenden möchtest. Genauso sei an die Qualität der Bilder und deren Auflösung von 300 dpi erinnert. Wenn Du eine Schriftart verwendest, die eher ungewöhnlich ist, dann vektorisiere die Schriftarten. Ansonsten kann es vorkommen, dass die Schrift nicht gedruckt werden kann.

Ist Dir dieses Vorgehen zu aufwändig? Du kannst auch den Cover Creator nutzen, der von Amazon® kostenlos zur Verfügung gestellt wird. Dort hast Du bereits die fertigen Maße der späteren Cover-Datei, Du kannst Bilder von Amazon® nutzen und Dir stehen viele Schriftarten zur Verfügung.

Sollte auch das nicht Dein Fall sein und Du denkst, Deine Kreativität oder grafischen Gestaltungsfähigkeiten reichen nicht für das Cover, so kannst Du ähnlich wie für den Text, diesmal einen Graphiker oder Designer beauftragen, der Dir das Cover anfertigt. Auch diese Berufsgruppe findest Du auf den einschlägigen Plattformen für freelancer.

Für Dein e-book musst Du das Cover im jpg-Format hochladen, für das Taschenbuch im druckfähigen pdf-Format.

Check, check, check...

Bevor es nun mit der dritten und letzten Seite der Buchveröffentlichung weitergeht, verarbeitet Amazon-kdp® Deine Manuskript- und Coverdateien und präsentiert Sie Dir in einer Vorschau. Gleichzeitig wirst Du darauf aufmerksam gemacht, wenn etwas nicht stimmt oder nicht passt. Das kann bei den Dimensionen des Covers der Fall sein, manchmal auch die Auflösung von Bildern betreffen oder Text beziehungsweise Graphiken, die über den Rand des zu druckenden Bereiches reichen. Schau Dir die Vorschau an, Seite für Seite und erst wenn Du wirklich zufrieden bist, klicke auf „Speichern und weiter", um zu den Preisen zu gelangen.

Ist irgendetwas nicht in Ordnung, korrigiere es in der Ausgangsdatei und lade das Manuskript oder die Cover-Datei erneut hoch. Sonst ist es einfach nur ärgerlich, wenn Du den Fehler siehst und ihn Deinen Lesern zumutest. Keine Frage, man kann ein Manuskript vier oder fünf Mal lesen und trotzdem den einen oder anderen Fehler übersehen. Dann korrigiert man ihn in der nächsten Auflage.

Aber ihn wissentlich zu belassen, einfach nur, weil man keine Lust hat, den upload-Prozess erneut zu durchlaufen, bringt Dir keine zufriedenen Buchkäufer.

Preisgestaltung und Tantiemen

Auf der letzten Seite des Gesamtveröffentlichungsprozesses geht es darum, wo Du Dein Buch veröffentlichen möchtest. Du kannst es in verschiedenen Regionen der Welt veröffentlichen oder nur in Deutschland. Vielleicht willst Du es auch nur auf amazon.com veröffentlichen, diese Wahl steht Dir frei.

Zusätzlich kannst Du Dich für Amazon-kdp-select® entscheiden. In diesem Fall verpflichtest Du Dich, es nicht anderweitig in elektronischer Form auf anderen Plattformen anzubieten. Zusätzlich haben Leser von kindle-unlimited® und der kindle®-Leihbücherei die Möglichkeit, Dein Buch auszuleihen und zu lesen. Dabei erhältst Du für jede gelesene Seite Tantiemen von Amazon. Willst Du Deine Bücher nicht mehr in diesem Programm anbieten, dann kannst Du kdp-select®-Anmeldung auch nach 90 Tagen auslaufen lassen.

Nun zu den Preisen.

Bei Amazon® hast Du die Möglichkeit, für Dein e-book entweder 35 Prozent oder 70 Prozent Tantiemen zu erhalten. Bei e-books für einen Preis von bis zu 9,99 Euro kannst Du für 70 Prozent Tantiemen optieren, bei e-books mit einem Preis darüber erhältst Du 35 Prozent Tantiemen. Der Rechner, der sich bei der Preisberechnung öffnet, zeigt Dir nicht nur die Preise mit und ohne Mehrwertsteuer an, Du siehst auch gleichzeitig, was Amazon® für die Lieferung an den Endkunden berechnet und welcher Gewinn bei Dir verbleibt.

Bei Deiner Preisgestaltung solltest Du darauf achten, dass Du Dein Buch richtig positionierst. Was kannst Du von einem Buch erwarten, das 0,99 Euro kostet? Richtig. Wohl nicht allzu viel. Allerdings macht es auch wenig Sinn, in abgedrehte Preiskategorien vorzustoßen, es sei denn, der Inhalt, den Du präsentierst, ist so abgefahren, wichtig, außergewöhnlich und selten, dass er den Preis von 129,90 Euro rechtfertigt. Dies kann beispielsweise bei Fachbüchern der Fall sein. Hast Du keine Idee, wieviel Dein Buch kosten soll, dann orientiere Dich an den Büchern, die in Deiner Kategorie auf dem Markt sind.

Zum Schluss drückst Du noch den „Fertig"-Button und Dein e-book ist auf dem Weg in die weite Welt der Bücher auf Amazon®.
Ein Fenster öffnet sich und Du wirst gefragt, ob Du Dein e-book auch als Taschenbuch veröffentlichen möchtest. Wie das geht, und warum es Sinn macht, erfährst Du auf den nächsten Seiten.

Das Taschenbuch gleich auch noch veröffentlichen

Dein e-book wird gerade veröffentlicht und da liegt es nahe, Dein Projekt auch als Taschenbuch herauszubringen. Warum? Nun, der Aufwand ist gering, die meisten Schritte hast Du bereits erfolgreich gemeistert. Außerdem erschließen sich Dir auf diesem Wege zusätzliche Kunden. Nicht jeder hat einen elektronischen Reader, nicht jeder will das Buch am Smartphone, auf dem Tablet oder Computer lesen. Auch wenn das durchaus praktisch ist. Es gibt gerade in Deutschland viele Menschen, die lieben es, ein Buch in den Händen zu halten, es durchzublättern und es später ins Bücherregal zu stellen. Manche machen das grundsätzlich. Kaufen, liegen lassen, ins Regal stellen. Aber das kann Dir so ziemlich egal sein, solange es gekauft wird.

Alles was Du tun musst, um Dein Manuskript nicht nur als e-book, sondern auch als Taschenbuch auf den Markt zu bringen, ist noch einmal durch den Prozess der drei Seiten auf Amazon-kdp® zu gehen. Dabei sind allerdings schon viele Felder, in die Du beim ersten Mal noch Daten beim Publizieren des e-books eintragen musstest, automatisch ausgefüllt. Was beim Taschenbuch noch hinzukommt, ist die Beantragung einer ISBN-Nummer. ISBN ist die internationale Standardbuchnummer, damit Dein Buch auch in anderen Ländern gefunden werden kann. Dazu braucht man weder den Namen des Autors noch den Buchtitel, die ISBN-Nummer reicht dazu völlig aus. Diese ISBN wird Dir von Amazon-kdp®

kostenlos zur Verfügung gestellt. Du kannst diese ISBN in Dein Manuskript aufnehmen, bevor Du es zu Amazon-kdp® hochlädst. Am besten kopierst Du die ISBN auf die Seite, auf der auch Deine Copyright- und Impressum-Informationen stehen.

Der gesamte restliche Vorgang ist ähnlich dem, den Du schon vom e-book kennst.
Die Tantiemen unterscheiden sich beim Taschenbuch von denen der e-books. Als Tantiemen bekommst Du 60 Prozent des Verkaufspreises, abzüglich Druckkosten.

Die Berechnung ist einfach: (Tantiemensatz x Listenpreis) – Druckkosten= Deine Tantiemen.

Amazon zeigt Dir bereits vor Eingabe Deiner Buchpreisvorstellungen an, wieviel der Druck des Buches kostet. Bücher mit farbigem Inhalt sind verständlicherweise teurer im Druck, als schwarz-weiß gedruckte Bücher. Je mehr Seiten ein Buch hat, desto höher ist ebenfalls der Preis für den Druck.

Du hast gleichzeitig die Möglichkeit, Dein Buch für einen erweiterten Vertrieb anzumelden. In diesem Fall können auch Bibliotheken und Buchhändler Dein Buch erwerben, Buchhändler beispielsweise, um es in ihren Ladengeschäften zu verkaufen. Aus diesen Verkäufen generierst Du allerdings nur 40 Prozent Tantiemen. Genauer gesagt 40 Prozent des Listenpreises abzüglich Druckkosten.

Amazon® bietet außerdem den Service, beide Ausgaben, also e-book und Taschenbuch miteinander zu verknüpfen, so dass potentielle Käufer auf der Seite Deines Buches beide Ausgaben mit Preisen angezeigt bekommen. So ist es am Käufer, sich für das Taschenbuch oder e-book zu entscheiden.

Glückwunsch, Du dürftest jetzt Dein erstes Buch bei Amzon® hochgeladen und am Markt platziert haben. Wie aber geht es weiter, damit viele potentielle Käufer von Deinem Produkt erfahren und es kaufen? Darüber mehr auf den nächsten Seiten.

Marketing und Verkaufsförderung für Dein neues Buch

Sehr unwahrscheinlich, dass man von einem Buch allein ein derart hohes passives Einkommen generieren kann, um damit sorgenfrei bis ans Ende aller Tage lustig zu leben. Aber das erste Buch ist ein erster Schritt. Ich sage immer, fange jetzt an und perfektioniere alles weitere später. Ich habe mir das Leben, was ich heute führe auch nicht an einem Tag aufgebaut. Schritt für Schritt, dabei immer einen großen Bogen um etablierte Verlage machend, habe ich meine Buchreihen als „book on demand" herausgegeben. Es hat am Anfang ein wenig gedauert, Erfolg kommt nicht über Nacht und man muss etwas dafür tun. Man muss gute Themen am Start haben, muss sich anschauen, was andere machen, darf niemals kopieren, sondern seine eigenen Wege gehen. Natürlich kann man das Wissen anderer nutzen, davon bin ich fest überzeugt. Und darum gebe ich auch gern mein Wissen weiter. Allerdings nicht auf der großen Bühne, sondern im kleinen Kreis. Ich kann mir die Leute aussuchen, denen ich weiterhelfe. Das mache ich gern.

Schließlich ist ein Leben ohne Abhängigkeiten die pure Freiheit. Mir schreibt keiner vor, was ich machen soll, wann mein nächstes Buch rauskommen muss, ich habe keinen Druck. Wenn ich angeln gehen will, mit ein paar Freunden, dann gehe ich angeln. Wenn ich Speedboat fahren möchte, setze ich mich in eins meiner Boote und es geht über den Golf von Mexico. Aber wenn ich schreibe, dann schreibe ich, business ist business. Ich habe ein gutes Verhältnis zu meinen Ghostwritern, die meisten schreiben bereits Jahre für mich. Schließlich kann ich es mir erlauben, die Rosinenthemen selbst zu bearbeiten. Ja, ich gebe auch zu, dass nicht jedes Buch ein Erfolg wurde. Manch ein Titel lag wie Blei in den Regalen. Aber das gehört auch zum Geschäft.

Ich habe aus Fehlern gelernt. Wichtig ist nur, dass man Fehler nicht zweimal macht. Wäre einfach nur blöd. Und meine Fehler lagen am Anfang in der Vermarktung meiner Bücher. Etwa, womit ich viel Zeit verbracht habe, in der Hoffnung, den Verkauf pushen zu können, war der Aufbau mehrerer Webseiten. Hat mich eine Menge Zeit und Geld gekostet, das Ergebnis war weniger als geht so. Mein Tipp an Dich: lass es sein, es bringt nicht viel.

Für jedes neue Buch solltest Du Dir ein paar erste Verkäufe besorgen. Allerdings mit alternativen traffic-Strategien. Geh in Internet-Foren, sprich mit Produkttestern auf deren spezifischen Plattformen, wende Dich an Influenzer. Aber bleib spezifisch in Deiner Nische. Alles andere macht wenig Sinn.

Macht eine Promotion mit free downloads für Dein e-book Sinn? Nicht wirklich, denn das machen Viele und der Erfolg ist nicht gerade überragend.

Wenn Du willst, dann probiere es einmal aus. Du hast die Möglichkeit eine solche free promo für maximal fünf Tage zu schalten. Die fünf Tage müssen nicht zusammenhängend sein, Du kannst auch zwei Mal zwei und einmal einen Tag die free promo laufen lassen.

Gelegentlich pushen sie das Buch im Ranking der unbezahlten Bücher. Immerhin kannst Du während solch einer Promo-Phase einschätzen, wie Dein Buch ankommt. Probieren geht über Studieren. Wenn Du es probieren willst, dann schau auf „google trends" nach, wie häufig Deine keywords gesucht werden. Wenn Deine keywords an einem Freitag oder Samstag weniger nachgefragt werden, als an anderen Tagen der Woche, dann macht es wenig Sinn, eine kostenlose download-Promo an solchen Tagen anzubieten. Wenn Du eine solche Promo machst, dann sollte es Dein Ziel sein, in die Top 100 der kostenlosen downloads zu kommen.

Was aber wirklich zählt, ich habe es bereits an anderer Stelle erwähnt, muss es aber hier noch einmal wiederholen: Plane Deinen Buch-Launch und sorge dafür, dass Dein Buch messerscharf positioniert ist. Finde die relevanten keywords, denn die sind das A und O. Mach sie passend zum Amazon® Algorithmus und damit auffindbar für Deine potentiellen Käufer. Es dauert etwa zwei bis drei Wochen, bis Deine Bücher erste Verkäufe erzielen. So lange dauert es, um gut auf Amazon® positioniert zu werden. Also keine Panik, wenn es nicht gleich am nächsten Tag nach dem Upload mit den Verkäufen losgeht.

Und wenn Du nach ein paar Wochen feststelltst, dass Dein Buch nicht wirklich in der Ranking-Liste bei Amazon® auftaucht, dann kann es daran liegen, dass die Zielgruppe zu klein ist oder Deine keywords noch nicht ausreichend optimiert sind. Untersuche Deine keywords noch einmal auf Relevanz und verändere sie gegebenenfalls, um zu anderen Ergebnissen zu kommen.

Vergiss die Mythen

Es gibt eine ganze Reihe von Mythen, die bezüglich des Veröffentlichens auf der Amazon-kdp®-Plattform durch das Netz schwirren. An dieser Stelle will ich nicht unbedingt von bullshit reden. Je mehr Videos Du auf YouTube zum Thema schaust, desto mehr wirst Du damit konfrontiert. Nicht alles stimmt, manches wird geglaubt. Du wirst sehen, dass Du mehr und mehr lernen wirst, was die Vermarktung Deiner Bücher Du veröffentlichst, je mehr Du veröffentlichst. Da wahrscheinlich niemand außer ein paar Leuten bei Amazon® den Such-Algorithmus kennt, kann man auch nicht mit Sicherheit sagen, was ein Buch nach oben spült, damit es potentiellen Käufern bei Ihrer Suche als erstes gezeigt wird. Deswegen spielen keywords im Dateinamen der Manuskriptdatei auch keine Rolle. Jedenfalls habe ich das bei meinen Büchern nie bemerkt.

Es gibt Leute, die behaupten, dass eine bestimmte Prozentzahl an keywords in der Buchbeschreibung auftauchen muss, oben gelistet zu werden. Bullshit, es gibt keine Beweise dafür. Zudem scheint der Amazon-Algorithmus danach zu arbeiten, welche Bücher am besten verkauft werden, er ist umsatzbasiert. Was ja auch nur logisch erscheint, denn alles andere würde wenig Sinn machen. Wenn ich meinen Kunden Bücher anbiete, dann doch die, die am meisten Umsatz machen, oder?

Zum Schluss noch etwas sehr Wichtiges. Und zwar Kundenrezensionen auf Amazon® für Deine Bücher. Natürlich sind Kundenrezensionen wichtig. Sie sind ein sozialer Proof dafür, dass irgendwer das Buch gekauft und gelesen hat. Viele Käufer schauen nach, ob ein Buch bereits eine Bewertung aufweisen kann.

Es gibt aber ausreichend viele Bücher, die sich auch ohne Kundenrezension gut und sehr gut verkaufen. Viele Leute haben einfach keinen Bock darauf, sich hinzusetzen und eine Bewertung für ein Buch auf Amazon® abzugeben. Die empfehlen es lieber ihren Freunden, sozusagen Mund zu Mund Propaganda. Allerdings gibt es eine Reihe von Autoren, die sich Rezensionen auf, sagen wir mal vorsichtig, nicht ganz saubere Art und Weise besorgen.

Wenn man ein wenig in sozialen Netzwerken unterwegs ist, findet man immer wieder Suchende, die im Gegenzug zu einer Bewertung auf ihren Büchern, Bewertungen bei anderen anbieten. Hast Du das nötig? Ich weiß es nicht, in jedem Fall würde ich die Finger davonlassen. Denn Amazon® hat Tools, um unsaubere oder Fake-Bewertungen zu erkennen. Es ist mehr als einmal passiert, dass Bewertungen gelöscht wurden. Letztlich können solche unsauberen Mittel bis hin zur Sperrung Deines Accounts bei Amazon® führen.

Deine Entscheidung. Ohne Fake-Rezensionen dauert es vielleicht ein wenig länger, bis sich Dein Buch durchsetzt, sich Deine Arbeit bezahlbar macht, aber mit diesen tricky Rezensionen kann der Traum vom passiven Einkommen auch sehr schnell ausgeträumt sein.

Und zum Schluss, bevor Du auf den nächsten Seiten noch meine Checkliste zum Einstieg bekommst, ein kleiner Gedanke zu Veröffentlichungen bezüglich Top-Nischen bei Amazon-kdp®. Diese Tipps, ob auf Webseiten oder auf YouTube sind so viel wert, wie manche Geheimtipps in Reiseführern. Was dort als Geheimtipp beschrieben wird, entpuppt sich als Massenauflauf, wenn Du dort ankommst und als eine Situation, in der Du die eigentliche Attraktion vor lauter anderer Menschen nicht mehr sehen kannst.

In diesem Sinne. Danke fürs kaufen, lesen und viel Spaß beim Generieren eines wundervollen passiven Einkommens, um Deine Zukunft unabhängig zu gestalten!

Ein paar Hinweise zum Schluss

In vielen Stunden haben die Witwe von Donald P. Goldrush, sein Anwalt und ich endlose Unterlagen gesichtet, geordnet und ausgewertet. Es war nicht immer leicht, zum einen, weil wir alle den Schmerz verspürten, den der Tod unseres guten Freundes immer noch verursacht. Zum anderen hatte Donald einen endlos großen Fundus an handschriftlichen Notizen, die nicht immer leicht zu entziffern waren.

Uns war es wichtig, die Essenz des Wissens von Donald zusammenzufassen. Es ging nicht darum, jeden einzelnen seiner Schritte, jede seiner Entscheidungen der Öffentlichkeit zu präsentieren. Es kann sein, dass viele Dinge eine tiefere Betrachtung brauchen und der ein oder andere Tipp eventuell nicht im Buch steht. Aber keineswegs wollten wir ein Buch schaffen, dass sich an die Cracks der Szene wendet. Wir wollten, dass eine breite Masse vom Wissen meines Freundes Donald P. Goldrush profitieren kann.

Wer also denkt, dass es in Teilen eine tiefere Auseinandersetzung mit dem Thema hätte geben sollen, dem sei gesagt, dass wir dem durchaus zustimmen, gleichzeitig aber weiterhin daran arbeiten, die Unterlagen aufzuarbeiten. Und so kann es also durchaus sein, dass diesem Buch ein zweiter Teil folgt. Jedoch kann ich im Augenblick keine Voraussagen über ein Erscheinungsdatum machen.

Soviel mehr gilt es aufzuarbeiten und zu ordnen, die Herausgabe eines Folgebandes steht dabei nicht als oberste

Priorität an.

Leser, die gern weitere Informationen haben möchten, können diese auch gern per E-Mail anfordern. Genauso dankbar bin ich für Anmerkungen und Kommentare. Ich weiß, dass Donald immer ein offenes Ohr für Fragen und Anregungen hatte. Er war immer bemüht, sich selbst und seine Arbeit weiter zu verbessern und zu perfektionieren. Dieses Lebensmotto Donalds will ich gern fortführen und hoffe, dass Sie als Leser dies ebenso sehen.

Aus einfachen Verhältnissen kommend, immer seinen Traum vor Augen, hat er erreicht, was vielen anderen Menschen versagt blieb. Trotzdem hat er nie seine Herkunft vergessen. Natürlich war auch Donald klar, dass man nicht immer, auch bei noch so großer Anstrengung, unbedingt das erreichen kann, was ihm gelungen ist. Sicherlich, es hatte wenig mit Glück, dafür umso mehr mit zielgerichteter Arbeit zu tun.

Jedoch müssen Sie als Leser nicht denken, dass ausschließlich die Lektüre dieses Buches und der Hinweise in diesem Buch allein der Schlüssel zum Erfolg sind. Was Donald in den Vereinigten Staaten gelang, muss nicht auch zwangsläufig in Europa oder in Deutschland gelingen. Ein Unternehmen ist gleichzeitig auch immer ein Risiko. Bitte denken Sie daran und stürzen sich nicht in Abenteuer.

In jedem Fall wünsche ich Ihnen, und ich weiß, Donald hätte es auch getan und sie aus ganzem Herzen unterstützt, viel Glück bei der Umsetzung Ihrer Ideen, Träume und Wünsche und dabei, ein passives Einkommen zu generieren, dass Ihnen ein Leben erlaubt, was Sie sich immer vorgestellt haben.

Danke, dass Sie dieses Buch gekauft haben.

Wenn es Ihnen gefallen hat, geben Sie gern eine Bewertung auf Amazon zum Buch ab.

Heute hast Du ein
DATE MIT DIR

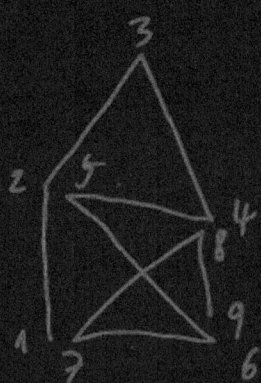

Dr. Albert van Newton

Unsere Empfehlung für Spaß und Entspannung

Nix los? Du willst keinen sehen? Du brauchst mal Zeit für Dich? Willst zur Ruhe kommen, abschalten, kreativ sein oder einfach mal nicht nachdenken müssen? Dann mach doch endlich einfach mal ein **DATE MIT DIR** selbst.
Dieses Buch hilft Dir dabei.
Wer loslässt hat die Hände frei! Einfach mal loslassen, einfach machen. Nur mit Dir selbst verabredet zu sein und Spaß haben. Klingt verrückt, ist aber so... Viel Spaß!

Gemeinsam mit Dr. Albert van Newton, dem bekannten Gehirnforscher und Psychologen, haben wir dieses Buch entwickelt, um Dir beim Abschalten, Loslassen und neu Durchstarten zu helfen.

Dr. Albert van Newton: Heute hast Du ein Date mit Dir

Erhältlich auf Amazon als Taschenbuch und e-book

Haftungsausschluss

Der Inhalt dieses eBooks/Buches wurde mit großer Sorgfalt geprüft und erstellt. Für die Vollständigkeit, Richtigkeit und Aktualität der Inhalte kann jedoch keine Garantie oder Gewähr übernommen werden. Der Inhalt dieses eBooks/Buches repräsentiert teilweise die persönliche Erfahrung und Meinung des Autors. Die Aussagen, Meinungen, Ansichten und Berichte der interviewten Personen sind nicht die des Autors und/oder des Herausgebers dieses Buches. Vielmehr sind es die Meinungen, Ansichten, Berichte der interviewten Personen, die der Autor nicht auf seine Richtigkeit überprüft hat. Der Autor und/oder der Herausgeber übernehmen daher keine Haftung für deren Richtigkeit. Der Inhalt des vorliegenden Buches sollte nicht mit einer Anleitung und/oder Aufforderung dazu verwechselt werden, sich Gefahren in unternehmerischen Handlungen und Betätigungen auszusetzen oder Dinge bzw. Handlungen, wie vom Autor beschrieben nachzumachen. Es wird keine juristische Verantwortung und/oder Haftung für Schäden übernommen, die für unternehmerische, publizistische o.ä. Aktivitäten des Lesers entstehen. Es kann auch keine Garantie für Erfolg etwaiger Publikationen, Geschäftstätigkeiten oder Versuche ein erfolgreiches passives Einkommen zu generieren übernommen werden. Der Autor und/oder der Herausgeber übernehmen daher keine Verantwortung für das Nicht-Erreichen der im Buch beschriebenen Ziele und/oder für Taten, die sich auf das Buch oder seine beschriebenen Inhalte beziehen.

Dieses eBook/Buch enthält Links zu anderen Webseiten. Auf den Inhalt dieser Webseiten haben wir keinen Einfluss. Deshalb kann auf diesen Inhalt auch keine Gewähr übernommen werden. Die verlinkten Seiten wurden zum Zeitpunkt der Verlinkung auf mögliche Rechtsverstöße überprüft. Für die Inhalte der verlinkten Seiten ist aber der jeweilige Anbieter oder Betreiber der Seiten verantwortlich. Rechtswidrige Inhalte konnten zum Zeitpunkt der Verlinkung nicht festgestellt werden.

www.ingramcontent.com/pod-product-compliance
Lightning Source LLC
Chambersburg PA
CBHW070815220526
45466CB00002B/667